Les leçons du professeur Zouf

Leçon 2: La santé

Les éditions de la courte échelle inc.
160, rue Saint-Viateur Est, bureau 404
Montréal (Québec) H2T 1A8
www.courteechelle.com

Dépôt légal, 1er trimestre 2013
Bibliothèque nationale du Québec

La courte échelle reconnaît l'aide financière du gouvernement du Canada par l'entremise du Fonds du livre du Canada pour ses activités d'édition. La courte échelle est aussi inscrite au programme de subvention globale du Conseil des arts du Canada et reçoit l'appui du gouvernement du Québec par l'intermédiaire de la SODEC.

La courte échelle bénéficie également du Programme de crédit d'impôt pour l'édition de livres — Gestion SODEC — du gouvernement du Québec.

Catalogage avant publication de Bibliothèque et Archives nationales du Québec et Bibliothèque et Archives Canada

Gravel, Élise
Les leçons du professeur Zouf
Bandes dessinées.
Sommaire: Leçon 2. La santé.
Pour enfants de 7 ans et plus.
ISBN 978-2-89695-387-5 (v. 2)
I. Santé - Bandes dessinées - Ouvrages pour la jeunesse. I. Iris. II. Titre. III. Titre: La santé.

PN6734.L42G72 2013 j741.5'971 C2012-942168-5

Imprimé en Chine

Elise Gravel

Iris

Les leçons du professeur Zouf

Leçon 2: La santé

la courte échelle

PROFESSEUR ZOUF

Le professeur Zouf vous apprend tout sur tout. Que ce soit la meilleure recette de pogo en sauce ou la technique de macramé de votre grand-mère, Zouf peut vous l'enseigner. Il est expert en TOUT!

NUMÉRO 13

Numéro 13 est l'assistant du professeur Zouf. Il est toujours heureux d'apprendre plein de choses avec les leçons du prof... mais un peu moins content de servir de cobaye à ses expériences et à ses démonstrations.

FIGURANTS

Ces personnages ont eu le bonheur (ou le malheur) de croiser le chemin du professeur Zouf. Si jamais tu le rencontres, toi aussi, tu te retrouveras peut-être dans un de ses prochains guides.

UNIVERSITÉ
DE TRUCVILLE
Professeur en
toutologie
Marcel Zouf

?

Qu'est-ce que tu fais là, toi?

Professeur, nous avons oublié la LEÇON!
Ah oui! C'est vrai, la leçon.

Hh-hum.
clic!

Aujourd'hui, chère limace paresseuse, je t'explique comment faire pour être en bonne santé.

Si tu suis bien mes conseils, tu seras comme moi et mon assistant, Numéro 13.

C'est-à-dire : beau et fort.

Tu as vu ces muscles?

Toutes les filles en sont folles.

Et ce beau visage
d'acteur américain?

Tu es jaloux de mon corps d'athlète et du teint frais et lumineux de Numéro 13? Hein, petit ver gluant?
Tu veux connaître mes secrets ?
Tourne la page.

Commençons par l'ALIMENTATION.
L'alimen-quoi ?

L'alimentation! C'est ce que tu manges, patate.

Comme la nourriture est très importante pour être en bonne santé, il faut MANGER TOUT LE TEMPS.
Tu vois, moi, je mange quinze gros repas par jour, sans compter les petites collations de nuit.
Slurp!

CE N'EST PAS TOUT DE MANGER COMME UN PORC !
Il faut bien choisir ses aliments. On les classe en quatre groupes :

LES SUCRERIES
LES BURGERS
LES BOISSONS GAZEUSES
LES FRITES
SODA
SODA
À
L'ORANGE

Chaque jour, tu dois manger au moins douze portions de chacun de ces quatre groupes.
Mais, mais... C'est beaucoup trop! Je n'y arriverai pas!

Mais si! Affale-toi devant la télé pour manger. Tu avaleras le tout sans t'en rendre compte.
Tu peux aussi utiliser un entonnoir et demander à un ami de te gaver.
BONBONS

Ce que tu manges transforme ton apparence physique. Eh oui!

BURP!

L'estomac bien musclé, je mange beaucoup, beaucoup de frites.

Et surtout, ne mange JAMAIS de légumes.
Ah bon? Je croyais que...
NON! Les légumes, c'est HYPER DANGEREUX!

Et les fruits, c'est encore PIRE !

Comment ? Tu ne me crois pas ?
Regarde ce qui risque de t'arriver si tu t'approches d'un fruit ou d'un légume.

POC!
AAAAAAHHHHH!
Iiiiii!
POC!

Bon, évidemment, l'alimentation, ce n'est pas tout.
Ah! Il me semblait bien...

Entre deux bouchées, il faut aussi faire un peu...

d'EXERCICE!

?
Comme ça ?
CLAC!
CLAC!
CLAC!
CLAC!
CLAC!
CLAC!
CLAC!
Du calme, espèce d'excité. J'ai dit UN PEU!

Hh!
Hhh!
Hhh!
Hh!

Si tu n'en fais jamais, tes parents t'embêteront sans cesse.

Tu peux alors leur montrer tes sports favoris.
Argl!

Mâcher beaucoup de caramels très durs, ça fait travailler les maxillaires.
mâche mâche mâche mâche
Allez ! Une, deux ! Une, deux ! Hihi !
Beeeuuuuh...

On peut aussi changer de chaîne de télé très, très vite. J'ai les pouces très en forme, regarde.

Ou marcher du frigo jusqu'au divan plusieurs fois par jour. Allez, Numéro 13, va me chercher une boisson gazeuse!

Tu es bien fatigué de tout cet exercice? Parlons du SOMMEIL.
Bâille
Oh oui, j'ai très sommeil, il se fait tard.

Le sommeil, c'est pour les paresseux.
Moi, tu vois, je ne dors que quand j'en ai VRAIMENT besoin, c'est-à-dire:

en classe,
ZZZZZZZZZ!
au volant de ma voiture
ou quand mon assistant me parle.
RRRRRRRRRR!!!

Les gens qui dorment la nuit manquent plein de bons films à la télé.
Si tu veux t'assurer de ne pas dormir:

mange du chocolat ou, encore mieux, bois du cola ou du café juste avant de te mettre au lit,

Et maintenant, petit cornichon pourri, je vais te donner un tas de conseils pour t'assurer de ne pas tomber malade.
Zzzzz...
Hé! Tu m'écoutes?
Hein? Oui, oui ...

Bon. Alors, pour ne pas tomber malade, habille-toi selon le temps qu'il fait. Personnellement, je suis le roi de l'élégance, peu importe le climat.

Dans la neige.

Dans la pluie.

À la plage.

Garde tes mains bien sales en tout temps.
Ma grand-mère Zouf m'a toujours dit que la crasse empêche les microbes de passer.

C'est la même chose avec le sucre : il protège les dents contre les caries. Ne laisse personne prétendre le contraire!

SLURP!
SLURP!

Évidemment, fume la cigarette. Ça donne de jolies couleurs aux dents, aux poumons et aux doigts, et les amis adorent l'haleine des fumeurs!
POP!
BÂILLE!

Tu as pris des notes, espèce de gargouille molle ?
J'espère bien, parce que si tu suis mes sages conseils tous les jours, tu deviendras bien costaud, plein d'énergie, musclé, concentré, rayo... rayonnant... et... et...

Zzzzzz...

Zzzzz...

Zzzzzz...

ZzzzzzzZZzz
ZzzzzZzz
Zzzz!

RRRRRR!